지음 · 이창우

부산대학교 미술학과를 졸업하고 일러스트레이터가 되어 만화와 그림을 그리고 있습니다.
국정홍보처, 법제처, 〈서울경제신문〉, 〈어린이동아〉 등 다양한 매체의 일러스트 작업을 했습니다.
〈조선일보〉에 '개념 쏙쏙! 수학', '뉴스 속의 한국사'를 연재했으며,
현재는 〈위즈키즈〉, 〈독서평설〉, 〈과학동아〉 등에서 연재 중입니다.
그린 책으로 《너무 재치 있어서 말이 술술 나오는 저학년 속담》, 《뼈만 남았네! 공룡과 화석》,
《미생물은 힘이 세! 세균과 바이러스》, 《그림자 세탁소》, 《초등과학Q2 지구를 부탁해》,
《학교 전설 탐험대》, 《웃다 보면 알게 되는 저학년 수수께끼》,
《웃다 보면 알게 되는 저학년 관용구》 등이 있습니다.

2025년 2월 1일 초판 1쇄 펴냄

지음 · 이창우

펴낸이 · 이성호
펴낸곳 · (주)글송이

편집/디자인 · 이유미, 김현경, 임주용
마케팅 · 이성갑, 윤정명, 이현정, 문현곤, 이동준
경영지원 · 최진수, 이인석, 진승현

출판 등록 · 2012년 8월 8일 제2012-000169호
주소 · 서울시 서초구 능안말1길 1 (내곡동)
전화 · 578-1560~1 **팩스** · 578-1562
이메일 · gsibook01@naver.com

ⓒ이창우, 2025

ISBN 979-11-7018-655-7 74080
     979-11-7018-632-8 (세트)

*잘못 만들어진 책은 바꾸어 드립니다.

속담 세상으로 떠나는 신나는 여행!

속담은 옛날 사람들이 생활하면서 느끼고 배운 교훈을 짧고
간결한 말로 표현한 것이에요.

속담은 왜 배워야 할까요?

생각하는 힘을 키워요!
속담을 통해 여러 가지 상황을 생각하고 문제를 해결하는 방법을
배울 수 있어요.

말하는 힘을 키워요!
속담을 사용하면 표현이 풍부해지고, 친구들과 이야기할 때
더 재미있어져요.

바른 마음을 키워요!
속담에는 살아가는 데 필요한 중요한 가치와 교훈이 담겨 있어요.

《머리가 좋아지는 유치원 속담 백과》 속 웃음이 빵빵 터지는 재미있는
그림과 이야기를 통해 어려운 속담을 쉽게 이해하고,
어떤 상황에서 활용할 수 있는지 알 수 있어요.

이 책을 통해 속담을 배우고, 세상을 바라보는 눈을 넓혀 보세요.
가족과 친구와 함께 속담을 읽고 이야기하며 더욱 즐겁게
지내길 바랍니다.

편집부

차 례

차 례

ㅈ~ㅎ으로 시작하는 속담

가는 날이 장날
가는 말이 고와야 오는 말이 곱다
가랑비에 옷 젖는 줄 모른다
가재는 게 편
가지 많은 나무에 바람 잘 날이 없다
간에 붙었다 쓸개에 붙었다 한다
갈수록 태산
같은 값이면 다홍치마
개구리 올챙이 적 생각 못 한다
개똥도 약에 쓰려면 없다
개밥에 도토리
개천에서 용 난다
고래 싸움에 새우 등 터진다
고생 끝에 낙이 온다
고양이 목에 방울 달기
고양이 쥐 생각
고양이한테 생선을 맡기다
공든 탑이 무너지랴
구렁이 담 넘어가듯
구르는 돌은 이끼가 안 낀다
구슬이 서 말이라도 꿰어야 보배
굴러온 돌이 박힌 돌 뺀다
굼벵이도 구르는 재주가 있다
귀에 걸면 귀걸이 코에 걸면 코걸이
긁어 부스럼
금강산도 식후경
꼬리가 길면 밟힌다

ㄱ으로
시작하는
속담

달리기 시합하자.
아이스크림 내기 어때?

좋아!

1 가는 날이 장날

어떤 일을 하려다가 예상치 못한 일이
벌어졌을 때 하는 말이에요.

내가 다른 사람에게 말이나 행동을 좋게 해야,
다른 사람도 나에게 좋게 말하고 행동해요.

3 가랑비에 옷 젖는 줄 모른다

아무리 사소한 일이라도 반복되면 무시할 수 없을
정도로 큰 일이 될 수 있다는 뜻이에요.

너 지금 내가 **가재**로 변신했다고 **비웃**는 거야?
이게 **최신유행**인 줄 모르고?

이 **괴물** 고양이야!

내 집게발
공격을
받아라!

뭐? 괴물?
그 말 **취소**해!

14

생김새나 처한 상황이 비슷한 것끼리
서로 돕고 한편이 될 때 사용해요.

 자식을 많이 둔 부모는 근심과 걱정이 끊이지 않는다는 말이에요.

6 간에 붙었다 쓸개에 붙었다 한다

자기에게 조금이라도 이익이 되면 이편에
붙었다 저편에 붙었다 하는 것을 뜻해요.

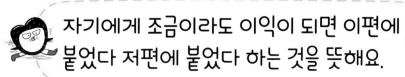

7 갈수록 태산

어떤 일을 해 나갈 때 점점 더 어려워지거나 많아져서 힘들 때 사용하는 표현이에요.

8 같은 값이면 다홍치마

값이 같거나 같은 노력을 한다면, 그중 더 좋은 것을
선택한다는 뜻이에요.

⑨ 개구리 올챙이 적 생각 못 한다

형편이 나아졌다고 지난날 어려웠던 때를 잊고
잘난 척하는 사람에게 하는 말이에요.

10 개똥도 약에 쓰려면 없다

평소에 흔하게 보이던 것도 막상 필요할 때는
찾기 어렵다는 표현이에요.

11 개밥에 도토리

따돌림을 받아 여러 사람과 어울리지 못하는
처지를 말해요.

12 개천에서 용 난다

엄청 크고 멋져!

개천에 살던 뱀이 용이 됐다!

가난하고 힘없는 집안에서 훌륭한 인물이 나왔다는 뜻이에요.

강한 사람들이 서로
싸우는 바람에 아무 상관없는
약한 사람이 중간에서
해를 입는다는 뜻이에요.

어려운 일이나 고된 일을 겪은 뒤에는 반드시
즐겁고 좋은 일이 생긴다는 말이에요.

15 고양이 목에 방울 달기

아무리 좋은 생각이라도 실행할 수 없으면
헛되다는 뜻을 담고 있어요.

16 고양이 쥐 생각

속으로는 해칠 마음을 품고 있으면서, 겉으로는 생각해 주는 척할 때 쓰는 표현이에요.

쥐 친구들은 내가 지킨다!

내가 잡아먹을 거야. 뺴앗길 수 없어!

17 고양이한테 생선을 맡기다

냥맨, 이 생선을 네게 맡길게. 이따 저녁에 함께 먹자.

내가 반드시 생선을 지킬게!

걱정 마,

아싸! 혼자 다 먹어야지~

믿을 수 없는 사람에게 소중한 물건을 맡기는 것은 매우 어리석은 행동이에요.

18 공든 탑이 무너지랴

정성과 노력을 다한 일은 그 결과가
절대로 헛되지 않는다는
뜻이에요.

19 구렁이 담 넘어가듯

일을 깔끔하고 분명하게 처리하지 않고 슬그머니
얼버무리려고 할 때 사용해요.

⑳ 구르는 돌은 이끼가 안 낀다

목표를 향해 부지런히 노력하는 사람은 뒤처지지 않고
계속 발전한다는 뜻이에요.

아무리 좋은 것이라도 다듬고 정리하여
쓸모 있게 만들어야 값어치가 있다는 뜻이에요.

22 굴러온 돌이 박힌 돌 뺀다

꼬가!

오늘 새로 온
'무엇이든 만들 수 있는'
*요리사입니다.

어떤 음식을 해 드릴까요?

햄버거요!

김치 찌개요.

모두 새로운 *요리사에게 주문하네?

다른 곳에서 들어온 사람이
오래전부터 있던 사람을
내쫓거나 괴롭힐 때
사용하는 표현이에요.

굼벵이도 구르는 재주가 있다

 아무리 능력이 없는 사람이라도 저마다 잘하는 것 한 가지씩은 있다는 뜻이에요.

24 귀에 걸면 귀걸이 코에 걸면 코걸이

원칙 없이 이렇게도 둘러대고 저렇게도 둘러대는
상황에서 사용하는 표현이에요.

25 긁어 부스럼

별일 아닌 일을 괜히 건드려서
상황을 악화시킬 때 사용하는 표현이에요.

26 금강산도 식후경

재미있는 일도 배가 불러야 흥이 나지, 배가 고프면
아무것도 할 수 없다는 뜻이에요.

27 꼬리가 길면 밟힌다

또 **놀이터**가?

응! 운동도 하고 무엇보다 **심부름** 안 해도 되거든.

너 그러다 엄마한테 들키면···

엄마

앗!

깍

심부름 안 하려고 **놀이터** 가는 거였구나!

어, 엄마 그게 아니고요.

 나쁜 일을 아무리 남몰래 한다고 해도, 여러 번 반복하면 결국에는 들키고 만다는 뜻이에요.

내 코가 석 자
남의 손의 떡은 커 보인다
남의 잔치에 감 놓아라 배 놓아라 한다
낫 놓고 기역 자도 모른다
낮말은 새가 듣고 밤말은 쥐가 듣는다
누울 자리 봐 가며 발을 뻗어라
누워서 침 뱉기
다 된 죽에 코 풀기
달걀로 바위 치기
달도 차면 기운다
달면 삼키고 쓰면 뱉는다
닭 잡아먹고 오리발 내놓기
닭 쫓던 개 지붕 쳐다보듯
도둑이 제 발 저리다
도토리 키 재기
돌다리도 두들겨 보고 건너라
동에 번쩍 서에 번쩍
되로 주고 말로 받는다
될성부른 나무는 떡잎부터 알아본다
등잔 밑이 어둡다
땅 짚고 헤엄치기
떡 줄 사람은 꿈도 안 꾸는데 김칫국부터 마신다
똥 묻은 개가 겨 묻은 개 나무란다
다람쥐 쳇바퀴 돌듯
뛰어야 벼룩
뛰는 놈 위에 나는 놈 있다
똥이 무서워서 피하나 더러워 피하지

ㄴ~ㄷ으로 시작하는 속담

아…… 요리사가 '요리사!' 단어를 모른다꾜? 요리사!

28 내 코가 석 자

내 사정이 급하고 어려워서 남의 형편이나 처지를
돌볼 여유가 없을 때 사용하는 표현이에요.

29 남의 손의 떡은 커 보인다

 똑같은 것이라도 자기가 가진 것보다 남의 것이 더 많고 좋아 보인다는 뜻이에요.

30 남의 잔치에 감 놓아라 배 놓아라 한다

다른 사람의 일에 지나치게 간섭하고 나서는 행동을
비꼬는 표현이에요.

31 낫 놓고 기역 자도 모른다

'ㄱ자' 모양으로 생긴 낫을 보면서도 ㄱ자를 모를 정도로
무식하다는 뜻이에요.

32 낮말은 새가 듣고 밤말은 쥐가 듣는다

아무리 비밀스럽게 한 말이라도 결국에는 새어 나가
다른 사람의 귀에 들어간다는 뜻이에요.

33 누울 자리 봐 가며 발을 뻗어라

어떤 일을 할 때 그 결과가 어떻게 될지 미리
살펴보고 시작하라는 말이에요.

34 누워서 침 뱉기

누워서 침을 뱉으면 내 얼굴에 떨어지는 것처럼,
남에게 해를 입히려고 한 일이 오히려 나에게 해가
될 때 사용하는 표현이에요.

35 다 된 죽에 코 풀기

잘 되어 가던 일이 한순간의 실수로 망쳐졌다는
뜻이에요.

36 달걀로 바위 치기

아무리 맞서 싸워도
도저히 이길 수 없는 경우를
비유한 말이에요.

③⑦ 달도 차면 기운다

둥근 달이 점점 작아져 초승달이 되듯, 모든 일에는
잘 될 때가 있으면 안 될 때도 있다는 뜻이에요.

38 달면 삼키고 쓰면 뱉는다

옳고 그름을 따지지 않고 자기에게 도움이 되면
가까이하고, 그렇지 않으면 멀리한다는 뜻이에요.

39 닭 잡아먹고 오리발 내놓기

치킨 먹으며 슬픔을 달래야겠어.

앗, 내 치킨이 사라졌다.

입가에 켑첩이 묻는 것을 보니 범인은 너로구나!

아니야! 립스틱 바른 거야!

← 오리발

 옳지 못한 일을 해 놓고 엉뚱한 방법으로
상대를 속이려는 행동을 가리키는 말이에요.

62

40 닭 쫓던 개 지붕 쳐다보듯

애쓰던 일이 뜻대로 되지 않거나 어찌할 도리가
없을 때 사용하는 말이에요.

63

 잘못한 일이 있거나 죄를 지으면 자연히
마음이 조마조마해진다는 뜻이에요.

42 도토리 키 재기

실력이 비슷한 사람들끼리 보잘것없는 재주를 겨루는
모습을 이르는 표현이에요.

43 돌다리도 두들겨 보고 건너라

잘 알거나 익숙한 일이라도 꼼꼼하게 확인하고
조심해야 한다는 뜻이에요.

44 동에 번쩍 서에 번쩍

하루에도 몇 번씩 이곳저곳에 나타나는 사람이나
바빠 보이는 사람을 비유할 때 사용해요.

45 되로 주고 말로 받는다

조금 주고 더 크게 받았다는 뜻이에요. 꼼수 부리다가 더 큰 손해를 보았을 때 사용해요.

될성부른 나무는 떡잎부터 알아본다

크게 자랄 나무는 떡잎부터 다르듯, 큰 인물이 될 사람은 어릴 적부터 남다르다는 뜻이에요.

등잔 밑이 어둡다

물건을 바로 앞에 두고도 찾지 못할 때나, 잘 안다고 생각한 것을 오히려 모를 때 사용해요.

48 땅 짚고 헤엄치기

땅을 짚고 헤엄치는 것처럼 매우 쉬운 일,
또는 의심할 여지 없이 확실한 일을 의미해요.

49 떡 줄 사람은 꿈도 안 꾸는데 김칫국부터 마신다

생일파티 때 유치원 친구들 모두 내 선물 하나씩 가져오겠지?

안전 기대돼!

건 지지 신사!

근데 너 아직 유치원 입학도 안 했잖아?

아직 일어나지도 않은 일을 지레짐작해 성급하게
행동하는 것을 지적할 때 사용하는 표현이에요.

자신의 큰 흉은 생각하지 않고 남의 작은 단점을 비웃는 사람에게 하는 말이지요.

51 다람쥐 쳇바퀴 돌듯

앞으로 나아가거나 발전하지 못하고
제자리걸음만 하는 모습을 이르는 표현이에요.

52 뛰어야 벼룩

힘을 써도 이루어 낸 것이 없거나, 도망쳐 봐야 크게 벗어날 수 없다는 뜻으로 사용해요.

아무리 내 재주가 뛰어나도 그보다 더 뛰어난 사람이 있다는 뜻이에요.

나쁜 사람을 피하는 것은 무서워서가 아니라
그럴 가치가 없기 때문이라는 말이에요.

마른하늘에 날벼락

말 한마디에 천 냥 빚도 갚는다

말이 씨가 된다

모르면 약이요 아는 게 병

목마른 놈이 우물 판다

못 먹는 감 찔러나 본다

못된 송아지 엉덩이에 뿔이 난다

무쇠도 갈면 바늘 된다

물에 빠지면 지푸라기라도 잡는다

물에 빠진 놈 건져 놓으니까 내 봇짐 내라 한다

미꾸라지 한 마리가 온 웅덩이를 흐려 놓는다

미운 아이 떡 하나 더 준다

믿는 도끼에 발등 찍힌다

밑 빠진 독에 물 붓기

바늘 가는 데 실 간다

바늘 도둑이 소도둑 된다

발 없는 말이 천 리 간다

방귀 뀐 놈이 성낸다

배보다 배꼽이 더 크다

백 번 듣는 것이 한 번 보는 것만 못하다

백지장도 맞들면 낫다

번갯불에 콩 볶아 먹겠다

벼 이삭은 익을수록 고개를 숙인다

벼룩도 낯짝이 있다

빈 수레가 요란하다

빛 좋은 개살구

벼룩의 간을 내먹는다

뿌린 대로 거둔다

ㅁ~ㅂ으로 시작하는 속담

똥 군, 이제 말도 없이 내 초콜릿 타 먹었지?

가장 소중한 친구인 펑덩아, 미안해. 내 거랑 착각했어.

55 마른하늘에 날벼락

예상하지 못한 상황에서 뜻밖의 사고가
일어나거나 어려움이 닥쳤을 때 사용해요.

56 말 한마디에 천 냥 빚도 갚는다

말을 예의 바르고 조리 있게 잘하면, 어려운 일이나
불가능해 보이는 일도 해결할 수 있다는 뜻이에요.

57 말이 씨가 된다

무심코 뱉은 말이 정말로 일어날 수도 있으니,
말을 곱게 해야 한다는 뜻이에요.

모르면 약이요 아는 게 병

조금이라도 알면 걱정이 되어 오히려 마음이 불편해진다는 뜻이에요.

목마른 놈이 우물 판다

무슨 일이든 가장 절실하게 필요한 사람이
그 일을 먼저 시작한다는 뜻이에요.

60 못 먹는 감 찔러나 본다

내가 차지하지 못하면 다른 사람도
갖지 못하게 일부러 망가뜨린다는 뜻이에요.

61 못된 송아지 엉덩이에 뿔이 난다

됨됨이가 바르지 못한 사람이 잘못된 행동을 할 때 사용하는 표현이에요.

62 무쇠도 갈면 바늘 된다

무디고 단단한 무쇠도 꾸준히 갈면 얇은 바늘이 되듯,
노력하면 이루지 못할 일이 없다는 뜻이에요.

63 물에 빠지면 지푸라기라도 잡는다

위급한 상황에 처하면 이것저것 가리지 않고
닥치는 대로 잡고 늘어진다는 뜻이에요.

64 물에 빠진 놈 건져 놓으니까 내 봇짐 내라 한다

은혜를 입은 사람이 그 고마움을 모르고 도리어
생트집을 잡을 때 사용해요.

95

한 사람의 잘못된 행동이 여러 사람에게
나쁜 영향을 미친다는 뜻이에요.

66 미운 아이 떡 하나 더 준다

미운 사람일수록 잘해 줘야 서로 나쁜 감정이 생기지
않고 사이가 더 나빠지지 않는다는 뜻이에요.

97

굳게 믿었던 일이 뜻대로 되지 않거나, 믿었던 사람에게 배신당했을 때 사용하는 말이에요.

밑 빠진 독에 물 붓기

아무리 노력해도 보람이 없고, 결과를
기대할 수 없는 헛수고를 뜻하는 말이에요.

69 바늘 가는 데 실 간다

바늘 가는 데 실이 항상 뒤따르는 것처럼, 서로의 관계가
매우 가깝다는 것을 비유적으로 이르는 표현이에요.

바늘 도둑이 소도둑 된다

귀여운

몽당연필이다.
몰래 가져가면
아무도 모르겠지?

저번에
안 들켰으니까
이번에도
슬쩍
가져와야지.

뭐 하 하 하!

진짜 큰
연필이다.

이것도 내 거~

71 발 없는 말이 천 리 간다

우리가 하는 말은 금세 먼 곳까지 전해질 수 있으니,
늘 말조심을 해야 한다는 뜻이에요.
소문이나 험담이 빠르게 퍼질 때 자주 사용해요.

방귀 뀐 놈이 성낸다

잘못을 저지른 사람이 아무 잘못 없는 사람에게
오히려 화를 낸다는 뜻이에요.

73 배보다 배꼽이 더 크다

 정작 커야 할 것이 더 작고, 작아야 할 것이 오히려 더 큰 경우를 두고 하는 표현이에요.

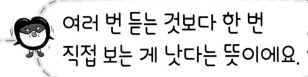

여러 번 듣는 것보다 한 번 직접 보는 게 낫다는 뜻이에요.

작고 사소한 일도 여럿이
힘을 모으면 훨씬 더 쉽게
할 수 있고, 결과도 좋다는
뜻이에요.

나만 칭찬 점수 못 받았잖아. 흑흑흑

칭찬합니다.
친구의 심부름을
도와주었기에 칭찬합니다.

바니 100점, 야옹군 100점,
펭덩이 100점

와

100점이다.

칭찬 받았다.

76 번갯불에 콩 볶아 먹겠다

서두르거나 급하게 일을 처리하려고 할 때 사용되는 표현이에요.

77 벼 이삭은 익을수록 고개를 숙인다

지식이 풍부하고 훌륭한 사람일수록 더욱 겸손하다는
뜻이에요.

78 벼룩도 낯짝이 있다

작은 벼룩도 체면이 있는데, 사람이 체면이
없어서야 되겠냐는 뜻이지요.

빈 수레가 요란하다

어떤 일을 잘 알지도 못하는 사람이
아는 체하고 큰소리친다는 뜻이에요.

80 빛 좋은 개살구

개살구는 살구와 모양은 비슷하지만
시고 맛이 없어요. 이처럼 겉모습만 그럴듯하고
실속이 없는 경우에 쓰는 표현이에요.

처지가 어려운 사람의 작은 이익까지
빼앗으려는 욕심쟁이를 나무라는 표현이에요.

82 뿌린 대로 거둔다

열심히

동글동글 맛있는 사과 열려라~

 좋은 일을 하면 좋은 결과가, 나쁜 일을 하면
나쁜 결과가 나타난다는 뜻이에요.

사공이 많으면 배가 산으로 간다
사촌이 땅을 사면 배가 아프다
산 넘어 산이다
서당 개 삼 년에 풍월을 한다
세 살 적 버릇이 여든까지 간다
소 닭 보듯 닭 소 보듯
소 잃고 외양간 고친다
송충이는 솔잎을 먹어야 한다
쇠귀에 경 읽기
수박 겉 핥기
숭어가 뛰니까 망둥이도 뛴다
시작이 반이다
아는 길도 물어 가랬다
아니 땐 굴뚝에 연기 날까
아닌 밤중에 홍두깨
아이 싸움이 어른 싸움 된다
얌전한 고양이 부뚜막에 먼저 올라간다
어물전 망신은 꼴뚜기가 시킨다
언 발에 오줌 누기
열 길 물속은 알아도 한 길 사람의 속은 모른다
열 번 찍어 아니 넘어가는 나무 없다
열 손가락 깨물어 안 아픈 손가락이 없다
오르지 못할 나무는 쳐다보지도 마라
옥에도 티가 있다
우물 안 개구리
우물을 파도 한 우물을 파라
울며 겨자 먹기
원수는 외나무다리에서 만난다
원숭이도 나무에서 떨어진다
윗물이 맑아야 아랫물이 맑다
입에 쓴 약이 병에는 좋다

ㅅ~ㅇ으로
시작하는
속담

83 사공이 많으면 배가 산으로 간다

여러 사람이 함께 일을 할 때, 각자 제 주장만
내세우면 일이 제대로 되기 어렵다는 말이에요.

가까운 사람이 잘되는 것을 기뻐해 주지는 않고,
오히려 시기하고 질투한다는 뜻이지요.

85 산 넘어 산이다

힘겹게 산을 하나 넘었더니 눈앞에 다시
산이 놓여 있는 상황을 이르는 말로, 갈수록 더욱
어려운 형편에 처하게 되는 경우를 뜻해요.

괴물을 물리쳤는데, 왜 계속 나타나는 거냐?
카오-
내가 끝이 아닐걸?
포기해! 우리 아직 많이 남았어!
코피

86 서당 개 삼 년에 풍월을 한다

 한곳에서 오랫동안 같은 일을 보고 들으면
어느새 따라 배우게 된다는 뜻이지요.

87 세 살 적 버릇이 여든까지 간다

어릴 때 몸에 밴 버릇이나 습관은 나이가
들어서도 고치기 힘들다는 뜻이에요.

88 소 닭 보듯 닭 소 보듯

 서로 마주 보고도 별다른 반응이 없거나 상대방이 하는 일에 아무 관심이 없을 때 쓰는 말이에요.

132

89 소 잃고 외양간 고친다

평소에 나 몰라라 하다가 일이 터진 뒤에야 뒤늦게
손을 쓰거나 뉘우쳐도 소용이 없다는 뜻이에요.

90 송충이는 솔잎을 먹어야 한다

대나무를 먹네.

귀여워~

판다가 최고!

판다가 대나무를 먹었더니 다들 귀여워 하네?

그럼 나도 솔잎 말고 대나무를 먹어 볼까?

송충이

송충이가 솔잎만 먹듯이, 욕심 부리지 말고 주어진 환경을 잘 활용하라는 의미예요.

134

91 쇠귀에 경 읽기

아무리 가르쳐도 알아듣지 못하거나, 알아들어도 따르지 않는 경우에 사용하는 표현이에요.

92 수박 겉 핥기

어떤 일의 속 내용을 알아보지 않고,
겉모습만 보고 판단할 때 사용하는 표현이에요.

93 숭어가 뛰니까 망둥이도 뛴다

남이 한다고 덩달아 나서거나 자기 분수를 모르고
무작정 잘난 사람을 따라 하는 사람에게 사용하지요.

94 시작이 반이다

히히~ 진짜 시작하자마자 빈이네! 목표

무슨 일이든 시작하기가 어렵지 일단 시작하면 끝마치기는 어렵지 않다는 뜻이에요.

아는 길도 물어 가랬다

아는 길도 다시 한번 물어서 갈 정도로, 모든 일을 할 때는 준비를 철저히 하고 조심하라는 뜻이에요.

96 아니 땐 굴뚝에 연기 날까

불을 피워야 연기가 나는 것처럼, 모든 일에는 반드시 그럴 만한 이유와 원인이 있다는 뜻이에요.

97 아닌 밤중에 홍두깨

늦은 밤에 누군가 몽둥이를 내밀면 놀랄 거예요. 이렇게
예상하지 못한 일이 생겨 당황했을 때 하는 말이에요.

98 아이 싸움이 어른 싸움 된다

 아이들의 다툼이 부모들 싸움으로 번진다는 말로,
사소한 일이 차츰 커져 큰일이 된다는 뜻이에요.

99 얌전한 고양이 부뚜막에 먼저 올라간다

겉으로는 얌전할 것 같은 사람이 의외의 일을
저지르거나 자기 이익은 다 챙긴다는 뜻이에요.

143

100 어물전 망신은 꼴뚜기가 시킨다

별 볼일 없는 못난 사람일수록 동료들까지
망신시킨다는 뜻이에요.

144

언 발에 오줌 누기

따뜻한 오줌이
금세 식어서 더
꽁꽁 얼어붙었어.

미안,
더는 못 싸겠어.

 급하다고 아무렇게나 처리하면 일을 해결하는 데
아무 도움이 되지 않는다는 뜻이에요.

145

102 열 길 물속은 알아도 한 길 사람의 속은 모른다

 깊은 물속은 들여다볼 수 있어도, 사람의 마음은
좀처럼 알아내기 힘들다는 뜻이랍니다.

 불가능해 보이는 일도 끈질기게 시도하면 결국
이루어진다는 뜻이에요.

104 열 손가락 깨물어 안 아픈 손가락이 없다

148

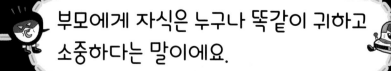
부모에게 자식은 누구나 똑같이 귀하고
소중하다는 말이에요.

105 오르지 못할 나무는 쳐다보지도 마라

내가 할 수 있는 일인지 생각해 보고, 해낼 수 없는
것이라면 욕심을 내지 않는 게 더 낫다는 뜻이에요.

106 옥에도 티가 있다

아무리 좋은 물건이나 사람도 꼼꼼히 따져보면
부족한 점이 있다는 뜻이에요.

151

107 우물 안 개구리

경험이 적어 보고 들은 게 부족하거나, 자기만 옳고 잘난 줄 아는 사람을 비꼬는 표현이에요.

108 우물을 파도 한 우물을 파라

이것저것 일을 벌이는 것보다 한 가지 일을 꾸준히 해야 작은 것이라도 이룰 수 있다는 뜻이에요.

울며 겨자 먹기

울면서도 겨자를 먹는다는 뜻으로, 하기 싫은 일을 좋은 척하며 억지로 마지못해 할 때 사용해요.

 원수처럼 만나기 싫은 사람을 피할 수 없는 곳에서 마주쳤을 때 쓰는 말이에요.

111 원숭이도 나무에서 떨어진다

158

능숙한 사람이라도 실수할 수 있다는 뜻이에요.
실수는 누구에게나 일어날 수 있는 일이랍니다.

112 윗물이 맑아야 아랫물이 맑다

물이 위에서 아래로 흐르듯, 윗사람이 행동을 잘하면
아랫사람도 본받아 잘하게 된다는 말이에요.

113 입에 쓴 약이 병에는 좋다

충고나 지적이 당장은 귀에 거슬리지만,
결국에는 자신에게 도움이 된다는 뜻이에요.

자라 보고 놀란 가슴 솥뚜껑 보고 놀란다
작은 고추가 더 맵다
재주는 곰이 넘고 돈은 주인이 받는다
쥐구멍에도 볕 들 날 있다
지렁이도 밟으면 꿈틀한다
지성이면 감천
짚신도 제짝이 있다
찬물도 위아래가 있다
참새가 방앗간을 그저 지나랴
천 리 길도 한 걸음부터
친구 따라 강남 간다
칼로 물 베기
콩 심은 데 콩 나고 팥 심은 데 팥 난다
콩으로 메주를 쑨다 하여도 곧이듣지 않는다
토끼 둘을 잡으려다가 하나도 못 잡는다
티끌 모아 태산
팔이 안으로 굽지 밖으로 굽나
피는 물보다 진하다
하늘을 보아야 별을 따지
하늘의 별 따기
하늘이 무너져도 솟아날 구멍이 있다
한술 밥에 배부르랴
하룻강아지 범 무서운 줄 모른다
호랑이도 제 말 하면 온다
호랑이에게 물려 가도 정신만 차리면 산다
호미로 막을 것을 가래로 막는다
호박이 넝쿨째로 굴러떨어졌다
황소 뒷걸음치다가 쥐 잡는다
한 귀로 듣고 한 귀로 흘린다

ㅈ~ㅎ으로 시작하는 속담

114 자라 보고 놀란 가슴 솥뚜껑 보고 놀란다

 어떤 것에 몹시 놀란 사람은 비슷한 것만 보아도
겁을 낸다는 뜻이에요.

115 작은 고추가 더 맵다

덩치가 작은 사람이 큰 사람보다
힘이 세거나 맡은 일을 뚝부러지게
잘할 때 쓰는 말이에요.

재주는 곰이 넘고 돈은 주인이 받는다

정작 일을 한 사람에게는 이익이 없고, 엉뚱하게 다른 사람이 그 일에 대한 이익을 볼 때 쓰는 표현이에요.

내가 세상에서
춤을 제일 잘 추는
지렁이다.

 117 쥐구멍에도 볕 들 날 있다

힘들게 고생하던 사람에게도 좋은 날이 찾아온다는
말이에요. 항상 희망을 잃지 말라는 뜻이 담겨 있지요.

118 지렁이도 밟으면 꿈틀한다

 아무리 순하고 좋은 사람이라도 너무 심하게 대하면 참지 않고 덤벼든다는 뜻이에요.

119 지성이면 감천

그동안 미안했어. 용서해 줘.

그래, 고마워.

감동이군. 둘이 사이 좋게 꾸를 지키는 영웅이 되거라.

핑!

나는야 또끼맨!

나는야 쓴땅맨!

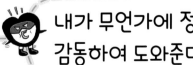

내가 무언가에 정성을 다하면 하늘도 감동하여 도와준다는 표현이지요.

171

120 짚신도 제짝이 있다

보잘것 없는 짚신도 짝이 있듯이, 누구나 자신에게
어울리는 짝이 따로 있다는 뜻이에요.

121 찬물도 위아래가 있다

 사소한 일이라도 지켜야 할 순서와 예의가 있음을 강조한 말이에요.

122 참새가 방앗간을 그저 지나랴

자기가 좋아하는 것을 보면 그냥 지나치지
못한다는 뜻이에요.

친구 따라 강남 간다

 가까운 사람에게 이끌려 덩달아 따라가는 모습을 일컫는 말이에요.

125 칼로 물 베기

 칼로 물을 베어도 흔적이 남지 않는 것처럼, 서로 다투었지만 금방 사이가 좋아진다는 뜻이에요.

126 콩 심은 데 콩 나고 팥 심은 데 팥 난다

우리 가족은…

완두콩 가족

아빠

엄마

동글 동글 너무 예뻐.

모든 일은 원인에 따라 그에 걸맞은 결과가 나타난다는 것을 비유적으로 이르는 말이에요.

127 콩으로 메주를 쑨다 하여도 곧이듣지 않는다

거짓말을 자주 하는 사람의 말은 아무리 당연한
사실이라도 믿기 어렵다는 뜻이에요.

욕심을 부려서 한꺼번에 여러 가지 일을 하면,
그 중 단 한 가지도 해내지 못한다는 뜻이에요.

129 티끌 모아 태산

작은 노력이라도 꾸준히 쌓아 가면 결국
큰 뜻을 이룰 수 있다는 가르침이에요.

130 팔이 안으로 굽지 밖으로 굽나

팔이 밖으로 꺾이지 않고 안으로 굽듯이, 자신과
가까운 사람에게 정이 쏠린다는 뜻이에요.

131 피는 물보다 진하다

가족이나 친척은 다른 어떤 관계보다 더 강하고
끈끈하다는 뜻이에요.

132 하늘을 보아야 별을 따지

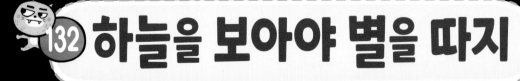
어떤 일에서 성과를 얻으려면 목표를 분명히 하고,
준비와 노력을 기울여야 한다는 뜻이에요.

133 하늘의 별 따기

하늘에 떠 있는 별을 따는 것은 불가능한 일이에요.
그만큼 얻거나 이루기 힘든 일을 뜻하는 말이지요.

134 하늘이 무너져도 솟아날 구멍이 있다

아무리 큰 어려움이 닥쳐도, 희망을 가지고 방법을
찾으면 해결할 수 있다는 뜻이에요.

135 한술 밥에 배부르랴

무슨 일이든 시작부터 단번에 좋은 결과를 얻기는 어려워요. 힘을 조금 들이고 많은 효과를 기대하지 말라는 뜻이에요.

136 하룻강아지 범 무서운 줄 모른다

경험이 없고 철없는 사람이 무서운 줄 모르고 함부로 덤빈다는 뜻이에요.

193

137 호랑이도 제 말 하면 온다

다른 사람의 얘기를 하고 있는데, 그 사람이
갑작스럽게 나타날 때 쓰는 말이에요.

138 호랑이에게 물려 가도 정신만 차리면 산다

위급한 상황에서도 정신을 똑바로 차리고 침착하게
행동하면 해결할 수 있다는 뜻이에요.

139 호미로 막을 것을 가래로 막는다

 적은 힘으로 충분히 해결할 수 있는 일에 시기를 놓쳐 쓸데없이 많은 힘을 들일 때 사용해요.

140 호박이 넝쿨째로 굴러떨어졌다

조금만 더…
조금만 더…
가래에 부딪혀 튕긴 호박이 우리 집으로 살러 간다!
호박
다음 페이지 계속…

뜻밖에 좋은 물건을 얻거나
행운을 만났을 때 사용해요.

141 황소 뒷걸음치다가 쥐 잡는다

전혀 기대하지 않았던 것을 우연히 알아맞히거나
이루었을 때 쓰는 말이에요.

142 한 귀로 듣고 한 귀로 흘린다

어떤 이야기를 듣고도 잘 기억하지 않거나,
중요하게 생각하지 않고 잊어버린다는 뜻이에요.

멋져!